NOTICE HISTORIQUE

SUR

LA VIE ET LES OUVRAGES

DE

JEAN-ÉTIENNE MONTUCLA,

AUTEUR

DE *L'HISTOIRE DES MATHÉMATIQUES*,

Membre de l'Institut national, de l'Académie de Berlin, de la Société libre d'Agriculture de Seine et Oise ;

Présentée à ladite Société par AUGUSTE-SAVINIEN LE BLOND, l'un de ses membres, en sa séance du 25 Nivôse an 8.

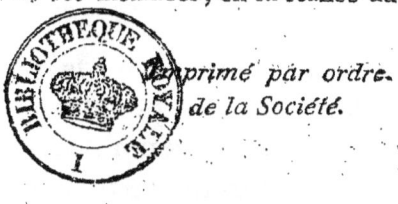

Imprimé par ordre de la Société.

────────

A PARIS.

PLUVIOSE — AN VIII.

NOTICE HISTORIQUE

SUR LA VIE ET LES OUVRAGES

DE JEAN-ÉTIENNE MONTUCLA,

Auteur de l'Histoire des Mathématiques.

———

L'ESPRIT social n'est autre chose dans l'homme que le desir, le besoin d'établir avec ses semblables cet heureux concours d'efforts qui, dans les moyens de chacun, trouve les moyens de tous, qui de la force des lumières, du bonheur des individus, compose la force, les lumières, le bonheur commun.

Peut-être trop éloignés du moment de la réunion, les hommes, les familles, les peuples méconnaissent souvent cette harmonie générale, sans laquelle il ne peut y avoir ni sûreté particulière, ni garantie réciproque, ni participation à la foule de biens et d'avantages, résultats nécessaires de l'organisation.

La même indifférence ne saurait se trouver dans les associations volontaires, bien moins encore dans celles que le genre bien philantropique de leurs travaux rappelle sans cesse aux institutons pures de l'âge d'or.

Toujours occupés de la Mère commune ; attentifs à recueillir ses dons, à propager ses bienveillantes faveurs, pourrions-nous, membres d'une Société d'Agriculture, ne pas être véritablement frères, ne pas être intimément unis de zele, de soins, de lumières ; ne pas apporter franchement à la masse ce qui résulte de nos expériences isolées, de notre position locale, de nos études et de nos connaissances précédentes, de notre zèle et de notre dévouement actuels ?

Vous l'avez senti, vous qui formâtes le premier noyau de notre Société : ce n'était pas dans les seules pratiques agricoles qu'elle devait se resserrer. Des connaissances physiques et mathématiques, des principes de morale et de législation, des vues administratives, les ressources de l'industrie, et le flambeau des arts, vous ont paru importantes au plus grand bien de l'association : et assez sages pour ne leur permettre jamais de détourner la marche naturelle de vos travaux, vous avez voulu pouvoir en trouver au milieu de vous le secours, toutes les fois qu'il devenait nécessaire.

Ainsi, dans un héritage sagement distribué, chaque culture appropriée au terroir augmente le produit total par la variété des récoltes.

Oui, nos travaux seront toujours communs, le doux espoir d'être utile sera commun ; soyons aussi en communauté pour tout ce qui peut intéresser la gloire et la réputation de nos confrères.

Défenseurs nés, témoins plus immédiats de ce qu'ils ont fait et pensé, n'oublions pas que c'est à nous de les présenter à la République des

Sciences et des Lettres, et de rassembler avec soin les traits principaux qui peuvent honorer leur mémoire.

Je vais essayer de remplir ce juste devoir à l'égard de Jean-Etienne MONTUCLA, auteur de l'*Histoire des Mathematiques*, et successivement membre de l'Académie royale des Sciences et Belles-Lettres de Berlin, Censeur de la Librairie, premier Commis des Bâtimens, Arts et Manufactures, membre de notre Jury central d'instruction, de l'Institut national, et de notre Société libre d'Agriculture.

IL naquit à Lyon le 5 septembre 1725. Son père était négociant, et le destinait à la même profession ; mais les premières leçons de calcul auxquelles il le fit initier de bonne heure, devaient germer en lui d'une manière bien plus brillante. Les premiers développemens furent le fruit de l'espèce d'isolement où le laissaient ses camarades de classe que ses succès fatiguoient.

MONTUCLA trouva dans le collége des Jésuites de Lyon cette connaissance intime des Langues anciennes, par laquelle il lui fut si aisé dans la suite de se familiariser avec les Langues modernes. Des dictionnaires lui suffirent pour apprendre parfaitement l'Italien, l'Anglais, l'Allemand, le Hollandais.

C'est aussi dans ses classes qu'il donna à sa mémoire cette immuable fidélité à laquelle n'échappa jamais le moindre détail des objets qui l'avaient occupé.

On sent combien il eut à se louer toute sa vie

de ce système d'instruction dont il eût été bien plus philosophique de régulariser les corrections, que de tout blâmer, tout détruire, sans avoir même soupçonné les moyens de remplacement.

On ne voit de nos jours, dans les anciennes études, que le laborieux sacrifice des dix premières années de l'homme à l'acquisition exclusive du Grec et du Latin.

Pourquoi ne pas apprécier aussi ce goût du travail, cette noble émulation, ce desir de ne pas se contenter de la surface du savoir, cette application, enfin, qui ne tendait pas sans doute à faire des hommes universels, mais qui préparait souvent des hommes profonds, et presque toujours des esprits justes, droits, et fidèlement attachés à l'ordre d'instruction que leur imposait la place qu'ils occupaient dans la société.

Oui, sans doute, il fallait à l'étude des langues joindre d'autres études ; il fallait un peu moins préférer dans les auteurs les mots aux idées, la lettre à l'esprit; il fallait, sur-tout, porter dans les différentes branches d'instruction cette émulation qui semblait concentrée aux humanités, et ne pas réduire les jeunes gens que le goût du travail portait vers d'autres parties, à ne le faire qu'à la dérobée.

MONTUCLA n'eut point à cet égard d'obstacles à vaincre. Les Mathématiques, vers lesquelles il se sentait entraîné, étaient trop honorées par ses professeurs. L'ordre des Jésuites, jaloux de se frayer une route dans laquelle il pût balancer l'antique érudition des Bénédictins, cultivait avec presqu'autant de succès les sciences physiques et mathématiques que les préceptes de rhétorique.

Aussi des soins particuliers furent-ils prodigués au jeune étudiant dont les dispositions naturelles avaient si bien fécondé les heures de récréation, et jusqu'aux minutes, que sur chaque devoir de la classe lui faisait retrouver la facilité avec laquelle il s'en acquittait.

A seize ans il avait perdu son père; et l'aïeule restée protectrice de son éducation ne survécut que quatre ans.

Il quitta sa ville natale, et voulut prendre ses degrés dans la Faculté de droit de Toulouse. Fier encore de son capitole, l'ancien chef-lieu de la province romaine conservait presque dans sa pureté le code de Justinien qui régissait la France méridionale; c'est dans cette arène qu'une jeunesse toute fraîche de ses humanités, luttant de force logique et d'adresse oratoire, se donnait l'activité d'esprit que réclament les augustes fonctions du barreau.

Tout homme qui n'embrassait pas le parti des armes, croyait se devoir cet accroissement d'instruction, et dans le titre d'avocat se préparait, pour le reste de sa vie, le garant et le souvenir d'une éducation soignée.

Aussitôt qu'il l'eût reçu, il vint chercher à Paris ce que Paris seul offrait alors, et ce qu'il offre encore de nos jours avec plus d'étendue : leçons de toutes les parties, par des maîtres consommés; riches collections des productions de la nature et des créations de l'art; bibliothèques; et plus encore réunions des savans et des gens de lettres.

Ces réunions n'étaient point organisées comme elles le sont à-présent ; mais déjà elles étaient d'une bien grande utilité.

Il en est une dont vous me permettrez de parler plus particulièrement, puisque notre confrère lui dut à-la-fois et l'inspiration de son grand ouvrage, et le gage de son état futur.

On a souvent vu les gens de lettres rechercher dans la Librairie des rapports également essentiels à leur gloire et à leurs intérêts ; et plus d'une existence scientifique a dépendu de tel ou tel degré de facilités offertes par le Commerce à la publication d'un ouvrage.

Mais la maison de Jombert avait véritablement un caractère plus libéral ; soit que l'aisance et la bonne humeur du maître, et des femmes qui l'aidaient à en faire les honneurs ; soit que plus d'art, peut-être, à ménager à ses propres yeux l'auteur qui venait négocier son esprit, et soumettre ses pensées au tarif ; soit que la seule proximité du fameux Café Procope, eussent successivement attiré les têtes les plus marquantes de la république des Lettres, ce magasin était devenu le chef-lieu de la Librairie des Sciences et des Arts.

C'est là que riant des Académies, et de la morgue dont chacun d'eux au Louvre n'avait garde de se défendre, le Mathématicien et le Poète, le Moraliste et le Tacticien, le Peintre et le Médecin, se réunissaient chaque soir, et pour conserver une de leurs expressions familières, s'émoustillaient mutuellement pour entretenir leur esprit dans la vivacité et le ressort nécessaires à toutes ses opérations.

Ils y trouvaient, sur-tout, cette influence réciproque qui, par un conseil, une réflexion, une contradiction même hasardée, vient effacer les incorrections, suppléer les lacunes, enrichir les détails, et donner à tout l'ensemble ce que les vues et les méditations d'un seul sont dans l'impossibilité de produire.

Le rapprochement était d'autant plus piquant chez Jombert, que son fonds, principalement consacré aux Mathématiques, s'étendait nécessairement à deux ramifications bien riches, l'Art militaire et l'Architecture, et que par celle-ci, aussi bien que par la Perspective, se rattachait le peu de livres que les Beaux-Arts aient dictés, lorsqu'ils ont bien voulu s'amuser à confier au papier quelques-uns de leurs secrets.

Aussi avec les Diderot, les Dalembert, les abbé de Gua, se trouvaient les Jeaurat, les Blondel, les Cochin, les Coustou, et sans doute il me sera permis de nommer après eux celui qui si long-tems fut le tenant de cette Société ; qui le premier appropria les études mathématiques aux opérations militaires ; et dont les ouvrages sont encore les seuls classiques de l'art de tous tems le plus cher aux Français.

Guillaume le Blond (*a*), mon oncle, ne crut pouvoir mieux encourager mes premiers pas dans une carrière où déjà j'étais admis à le remplacer, qu'en

---

(*a*) Guillaume le Blond, né à Paris en février 1704 ; mort à Versailles le 24 mai 1781 ; maître de Mathématiques des Enfans de France ; auteur de la Géométrie de l'officier, des Elémens de fortification, d'artillerie, de tactique, de la Guerre des siéges, etc.

me rendant témoin de ces intéressantes réunions dont je me fais gloire aujourd'hui de pouvoir rappeller l'existence.

C'est dans leur sein que MONTUCLA trouva non seulement des émules, mais des amis pour le reste de sa vie, et le Blond, Dalembert, Cochin furent ceux qui survécurent davantage, et que l'enchaînement des circonstances tint le plus à portée de cultiver leur ancienne liaison.

Après avoir vu notre confrère sur un tel théâtre, nous ne chercherons pas ce qui lui fit sentir la nécessité de coordonner les connaissances mathématiques dont il trouvait autour de lui tant de matériaux épars, de rendre à tant de grands noms ce qui leur manquait de gloire, et d'établir le juste degré de reconnaissance due à chacun.

Ce n'était plus qu'en se délassant qu'il pouvait se prêter à des sujets moins vastes; et quoiqu'il eut fait un livre tout neuf des récréations mathématiques d'Ozanam, par la multitude d'articles ajoutés, élagués, substitués, il garda si bien l'anonyme que cette nouvelle édition lui fut renvoyée comme Censeur de Librairie pour les ouvrages Mathématiques. (*a*)

Il en usa de même pour divers Opuscules qu'il donna aux presses de Jombert, et pour les reproductions d'anciens traités, dont il se chargeait de confiance.

C'est à-peu-près vers ce temps qu'il concourut à plusieurs années de la Gazette de France.

(*a*) Celle de 1778 porte les initiales M. de C. G. F. (M. de Chanla, Géomètre Forèzien.

L'année 1756 avait offert à la France la solution du grand problême de l'inoculation tentée sur la personne du premier prince du sang. Montucla traduisit de l'Anglais tout ce qui conservait les traces naissantes de cette pratique naturalisée en Angleterre en 1721, par Milady Montagu, revenant de Constantinople. C'était presque un Recueil de pièces justificatives qu'il donnait au fameux Mémoire de la Condamine.

Mais ce n'est plus comme Editeur que nous devons considérer notre confrère.

Dès 1754, il avait mis au jour son Histoire des recherches sur la Quadrature du cercle; ouvrage du plus grand intérêt, quand on pense à la multitude de spéculateurs qui s'égaraient encore à cette perquisition trompeuse.

On peut comparer ce rapide apperçu à la consultation d'un médecin qui, observateur d'une épidémie, apprécierait les différens effets qu'elle a produits suivant les dispositions du malade, ou plutôt à l'exactitude avec laquelle un savant navigateur signalerait dans l'immensité des mers les écueils ou les bancs qui, loin d'offrir une relâche assurée, menacent de sa perte le téméraire qui ferait force de voiles pour les aborder.

Il put être un temps, et Montucla l'a bien fait sentir, où le desir de franchir des retranchemens par-delà lesquels on se flattait de trouver ce que l'on cherchait, inspira aux prétendans des moyens extraordinaires, leur apprit à forger des armes nouvelles, à se frayer des routes non encore tentées, à créer, pour ainsi dire, des ressources et des combinaisons qui devinrent bientôt plus utiles par elles-mêmes, ou par d'autres applications que ne l'eût été le seul problème pour lequel elles avaient été conçues.

Montucla a donc trouvé dans un relevé d'erreurs un recueil de vérités. Ce ne sont pas des bornes qu'il a imposées au génie mathématique, c'est dans un champ digne de lui qu'il ramène ses efforts.

L'accueil que l'on fit aux Recherches ne fut pas, sans doute, le moindre des encouragemens qui portèrent l'auteur à étendre son travail, et à se charger de l'honorable tâche de décrire les progrès de l'esprit humain dans une carrière où l'on peut dire que l'esprit humain a tout créé.

Mais plus le plan était vaste, plus il imposait de devoirs : il ne faut pas croire, en effet, qu'une histoire des Mathématiques pût être un simple travail de compilations; ce que trop peu d'écrivains ont su distinguer, le nôtre ne put le méconnaître un instant.

Une histoire est toute autre chose qu'une chronique. Vous pourrez, en me redisant, l'un après l'autre, les noms des chefs, des généraux, des magistrats d'un peuple, conserver l'ordre exact des événemens, suivre les mouvemens des armées, préciser les lieux et les dates, décrire scrupuleusement toutes les circonstances, présenter même les tableaux curieux des mœurs et des usages, vous n'aurez pas fait l'histoire de ce peuple.

Il faudra qu'un génie particulier s'empare de ces matériaux, les soumette et les élabore au creuset d'une saine critique et d'une observation savante, pour trouver les motifs secrets des évé-nemens, les causes nécessaires, ou l'enchaînement aveugle, qui ont mis successivement en scène tel ou tel personnage, qui lui ont fait jouer tel ou tel rôle; les obstacles qu'il a fallu vaincre, ou les occasions dont il a fallu profiter pour préparer tel ou tel résultat.

Voilà ce que l'historien des Mathématiques était dans l'heureuse impossibilité d'éluder. C'est dans leur auguste harmonie qu'il faut envisager les Sciences exactes, sous peine d'être abîmé dans leur immensité. Quelle main sacrilége viendrait en disséquer les sublimes rapports, pour ne dresser qu'un insipide catalogue d'auteurs, ou une table plus insignifiante encore de propositions isolées?

Avec quel intérêt, au contraire, suivons-nous dans l'histoire des Mathématiques le fil artistement disposé qui, de siècle en siècle, de peuple à peuple, de savant à savant, nous rend sensible le développement de chacune des vérités, et le secours mutuel qu'elles se sont prêté! Avec quel plaisir nous reconnaissons dans leur antique simplicité le germe nécessaire de ce qu'elles étalent aujourd'hui de luxe et de richesses! Avec quelle reconnaissance nous voyons passer en revue tant d'hommes célèbres qui ne comptent leurs instans d'existence que par les pas nouveaux qu'ils faisoient faire à la Science! Avec quel religieux respect, enfin, nous admirons la progression sans cesse croissante des trésors accumulés pour nous depuis l'origine des siècles!

Chaque paragraphe de l'histoire des Mathématiques nous peint un homme ou nous expose une vérité qui, d'âge en âge, conservera sa force et sa valeur. Nous nous trouvons toujours au courant de ce que la Science avait de moyens et de soutiens à chaque époque où de nouveaux apperçus lui faisaient prendre un essor remarquable : par-tout nous voyons les essais, les réflexions, les découvertes s'appuyer sur de précédentes données ; s'enchaîner et s'identifier avec elles, les confirmer; les étendre ; jamais les ébranler, ou les détruire.

Les Mathématiques n'admettent que des vérités : de loin en loin quelques sophistes ont pu mettre en avant des propositions erronées ; mais à peine au jour elles se sont évanouies, ou tout au plus elles sont devenues, sous la critique qui les évaluait, de nouvelles preuves de la vérité qu'elles voulaient déposséder.

Il en est ainsi, même des applications que nécessitaient les Mathématiques mixtes : si l'imperfection des instrumens, si le défaut d'expérience, si trop de hâte à expliquer des faits pour lesquels on n'avait pas encore de théorie assez profonde, ont propagé long-temps des systêmes absurdes sur la cosmogonie, sur la lumière, sur l'horreur du vide, ce que l'on en disait était vrai, dans tout ce qui était Mathématique pure; l'erreur se trouvait à la mauvaise application ; souvent même les efforts que nécessitait cette application, préparaient la recherche d'une meilleure. Il n'y a pas jusqu'aux rapports prétendus sacrés des Nombres, qui n'aient préparé d'ingénieuses découvertes sur leurs rapports essentiels.

L'Ecole de Pythagore, qui occupe une place

si importante dans l'ancienne Philosophie, dut à ce culte des Nombres les premières règles de la science musicale; et vingt siècles ont à peine ajouté aux principes des consonnances et des dissonnances.

C'est de même à l'occasion d'Hipparque que se développe le système solaire; à Ptoloméc se précise celui des planètes; Platon, ou plutôt Eratosthène, amène les sections coniques; Archimède, les courbes, la pesanteur spécifique, et le pouvoir de réflexion; Euclide, l'art des démonstrations, et une Synthèse, dont nous reprenons aujourd'hui la métaphysique rigueur.

Mais puiqu'il serait impossible de resserrer dans les bornes d'une notice une esquisse, même par masses, d'un tableau si plein de choses, rendons hommage à l'infatigable assiduité qui en a réuni les élémens.

C'est dans des bibliothèques entières, c'est dans toutes les langues, c'est souvent au milieu d'un chaos informe qu'il fallait chercher une liaison, remonter à une première pensée, rectifier une prétendue découverte, et la rétablir à son véritable auteur.

Ici Descartes et Newton sont comparés; là Newton et Leibnitz sont en scène; ailleurs Galilée; plus loin Huyghens; par-tout les anecdotes qui peuvent égayer la matière et soutenir l'attention; les querelles littéraires; les subterfuges et les tentatives de l'esprit de parti; enfin, il le fallait bien aussi pour la fidélité de l'histoire, les discussions souvent si vives dont les génies les plus élevés n'ont pu se dispenser d'occuper l'Univers.

Telle est la multitude d'objets au milieu desquels il fallait conserver la succession des tems, sans donner de secousses à celle des idées. Les théories les plus délicates, les systèmes les plus profonds, l'analyse la plus abstraite devait se fondre, s'amalgamer si bien dans le style narratif, qu'on ne crut lire qu'une histoire lorsque réellement on se trouvait initié dans tous les mystères des Mathématiques.

L'histoire des Mathématiques parut en 1758, elle assura à son auteur une place distinguée dans le monde savant; et si la modestie avec laquelle il s'annonça lui-même ne permet pas d'exiger partout de lui un style également riche et recherché, on ne peut que vanter l'extrême clarté et la précision vraiment admirable avec lesquelles il a su traiter les matières qui en paraissaient le moins susceptibles. C'est-là sans doute ce qu'il fallait avant tout dans un ouvrage destiné à donner des choses et non des expressions, à rassembler des idées et non à les peindre.

Ce genre de mérite est principalement recommandable dans les livres de sciences: les hommes de tous les pays sont appelés à les lire; ils doivent donc être dépouillés de tout l'appareil du langage, pour ne briller que de la force logique et de l'éloquence des choses, les deux premiers élémens de la langue universelle.

Aussi l'étranger honora-t-il les efforts de MONTUCLA: l'Académie royale de Berlin se l'était associé le 3 juillet 1755, et de tous côtés il était fortement pressé d'aborder le 18e. siècle pour lequel il annonçait dès-lors un 3e. volume, que même il regardait comme très-avancé.

Il ne prévoyait pas à quelle époque fameuse de l'histoire universelle il se trouverait entraîné lui-même avant de reprendre les paisibles révolutions des infinis, des courbes, des rapports.

Emmené d'abord à Grenoble en 1761 comme secrétaire de l'intendance, son caractère égal et paisible l'éloigna des sociétés bruyantes; la maison même où s'élevait pour lui une compagne, n'était pour lui qu'une retraite où son inclination se déguisait à elle-même sous le spécieux intérêt d'une correspondance littéraire : le plus souvent il se bornait à tenir au père fidèle compagnie, tandis que la mère et la fille allaient remplir au dehors les inutilités que la société appelle des devoirs, et se livrer à des distractions qu'elle suppose des plaisirs.

Cette défiance de lui-même ne put cependant tenir à l'épreuve d'un mariage qui lui ôtait tout espoir ; et c'est en portant à Paris ses peines dans le sein d'une femme respectable qu'elle le décida à braver un refus plutôt qu'à risquer un abandon sans ressources.

Les lettres furent reçues ; l'amitié du père seconda les dispositions de la fille, et MONTUCLA forma en 1763 des nœuds qui, jusqu'à la fin de ses jours, ont fait son bonheur et celui de la famille Romand.

Le cher Turgot ayant été chargé de porter en 1764 à Cayenne quelques soulagemens à l'affreuse position de la colonie, il demanda comme premier secrétaire MONTUCLA, qui joignit à ce titre celui d'Astronome du Roi. Les malheurs de cette expédition ne laissèrent pas à l'astronome le tems de joindre ses propres travaux à tous ceux qu'il avait si bien décrits.

Je n'ai pu me procurer la relation qu'il fit sous le nom du Gouverneur, et dans laquelle se trouve la liste des plantes qu'il rapporta aux serres de Versailles. De ce nombre étaient le Cacao et la Vanille, qu'il présenta à Louis XV à son arrivée.

Notre confrère Richard se propose d'offrir à la Société des échantillons d'un haricot sucré ; *le gros perlé*, cultivé depuis cette époque dans le potager.

Nous ne pouvons douter de ce que MONTUCLA espérait lui-même d'un voyage où il toucherait cette terre naguères illustrée par les travaux des la Condamine, des Bouguer, des Godin, quand nous voyons l'innocent artifice avec lequel il se plaça d'avance au rang des voyageurs.

Prêt à quitter une épouse mère de son premier enfant, pour traverser l'immensité des mers, il laisse à l'amitié consolatrice des lettres datées à quelques semaines, à quelques jours, à quelques méridiens d'intervalle.

Les détails les plus intéressans, des tableaux fidèlement composés sur de précédentes relations, une description entre autres du Pic de Ténériffe circulèrent dans tout Grenoble avec la confiance que méritait l'écrivain, dont on appréciait la sagacité.

Il était loin de prévoir en simulant cette ingénieuse correspondance qu'elle dût être la seule qui rappelât son existence pendant le profond oubli dont le gouvernement voulut investir ce déplorable voyage.

Rendu au bout de 15 mois à sa patrie, c'est à Grenoble qu'il la retrouve toute entière dans la famille de sa femme; et c'est à Grenoble que l'amitié de Cochin lui fait parvenir le choix qui lui ouvrait une nouvelle existence.

La somptuosité des bâtimens avait pris un tel essor sous Louis XIV, que tous les arts n'avaient presque plus en France de destination, que de les construire, de les embellir, de les varier; et les Académies (des arts); et les manufactures semblaient si bien absorbées dans ce magique concours, qu'il en était résulté une sorte de Ministère particulier, d'autant plus recherché que la grande raison d'État ne venait jamais combattre les décisions du chef.

Marigny avait su se faire aimer dans une place qu'il devait au titre peu glorieux de frère d'une favorite; et la confiance qu'il eut en Cochin, honorable pour le Directeur-général, parce qu'elle était méritée par l'artiste, devint utile à MONTUCLA. Cochin n'éprouva de difficultés pour en faire un premier commis des bâtimens, que de la part de cette modestie que nous devons retrouver dans tous les momens de la vie de notre confrère.

Moins injuste pour lui même, avec quelle ardeur il eût accepté des fonctions qui le replaçaient au centre de ses anciens amis, qui le mettaient à portée, je ne dis pas de les servir, de les favoriser, mais de leur rendre la justice, de leur pré-

C

parer les encouragemens, de leur faciliter les occasions que réclamaient leurs talens. Désormais il n'était plus une faveur qui ne dût leur arriver par lui, plus un de leurs besoins dont il ne dût être le prévenant réparateur.

L'abbé Terray, en réunissant au maniment, ou plutôt au bouleversement des finances, celui des bâtimens, crut aussi devoir déranger leur administration, et les fonctions de MONTUCLA en éprouvèrent de grandes diminutions. On ne le vit jamais cependant se plaindre de ceux même qui pouvaient avoir profité de ce changement d'organisation, ni chercher à se prévaloir de la confiance qu'il retrouva sous d'Angiviller.

Plus de vingt-cinq années d'assiduité administrative ne nous offriront rien pour l'éloge du savant; elles n'en ont que plus de valeur pour la moralité de l'homme estimable qui se serait reproché tout autre emploi de son tems que celui réclamé par ses fonctions publiques.

La portion que tant d'autres croyaient pouvoir détourner à leur plaisir, abandonner à leur famille, c'était toujours aux détails de sa place qu'il la rapportait; ou tout au plus, et comme par hazard, aux affaires particulières dans lesquelles sa bienfaisance le rendait si nécessaire à ses parens et à ses amis.

Il ne se réservait pas même les soirées où l'usage de Versailles appellait chez lui de nombreuses sociétés. S'il y paraissait, ce n'était que par minutes, et comme pour trouver une nouvelle vigueur aux travaux de cabinet : il disparaissait, et n'en était au souper que plus franchement disposé à plaisanter et à rire.

Il parlait avec aisance, mais avec simplicité et sans prétention, contait avec beaucoup de naïveté, et respirait dans toute son habitude la bonhomie de la vertu et la délicatesse du bon goût.

La traduction des voyages de Carver est le seul monument de sa plume pendant cette longue époque ; encore ne la fit-il que par le desir d'utiliser un délassement qu'il ne pouvait refuser à sa famille, en même tems qu'il concourait à ses fonctions habituelles.

Chargé spécialement des correspondances avec les voyageurs dont le gouvernement prescrivait le but, il se faisait un devoir de connaître toutes les relations qui paraissaient en Europe. Celle de l'anglais Carver promettait des détails vraiment neufs sur l'intérieur de l'Amérique septentrionale. Il n'essaya d'abord que d'en amuser ses enfans en leur prononçant, si je puis le dire, en français ce qu'il lisait en anglais : mais il sentit bientôt que cette traduction instantanée occuperait à peine quelques instans de plus s'il la transcrivait à mesure, et qu'alors elle produirait un bon ouvrage.

Cet exemple eût pu lui montrer ce qu'il avait droit d'espérer de sa facilité au travail ; et puisque son ame pure ne lui permettait pas d'imiter l'exemple si contagieux des gens en place, trafiquant de leur signature, de leur crédit, de leurs promesses même, il eût pu trouver dans ses moyens littéraires de respectables supplémens aux émolumens de ses places.

Mais ces émolumens suffisaient à ses besoins, à son aisance ; il voyait dans sa position des ressources assurées pour l'éducation de ses enfans, de justes motifs d'espérer pour eux un établissement honorable ; il trouvait dans une sage économie les ressources d'une industrieuse bienfaisance : son ambition ne pouvait s'élever davantage ; aussi perdit-il tout en perdant sa place à la révolution.

Son ame en fut frappée, mais non pas ébranlée : une véritable philosophie ne lui permit que de longs regards sur la tourmente commune : C'est à sa patrie, ce n'est point à soi, que l'homme de bien rapporte l'enchaînement des circonstances.

Retrouvons l'historien des Mathématiques ; nouvel Archimède, au milieu des secousses guerrières, il rassemble des vérités ; il entreprend sa seconde édition : et c'est dans son cabinet que ses concitoyens viennent le chercher pour les diriger dans la foudroyante fabrication dont toute la France offrit pendant six mois un immense atelier.

Les détails de sa seconde édition étaient d'autant plus attachans pour lui, qu'il ne s'agissait pas seulement de la corriger, mais de lui donner cette extension promise dès la première; et quarante ans avaient bien ajouté à ce grand dessein. Ce n'était plus ce seul volume qui devait développer les découvertes et les travaux de la première moitié du siècle ; il avait à présenter un siècle entier ; ce siècle est celui des Euler, des Daniel Bernoulli, des Clairaut, des d'Alembert, des Condorcet, et pour ne prononcer que deux des noms qui appartiennent déjà à la postérité, des la Grange et des la Place.

Les séries reconnaissent des lois; les courbes se classent; de nouvelles différentielles ajoutent encore à la théorie des infinis; les fluides se pèsent; la forme planétaire se vérifie; l'harmonie des mondes n'est plus un système; et la gravitation manifestée dans ses moindres effets devient l'agent universel.

Enfin par quel sublime résultat semblent se couronner devant nous les travaux de tous les siecles; Théorie de la terre; dilatabilité des métaux; lois des refractions; tout ce que le génie des observations réclame de délicatesse; tout ce que le choix des instrumens et la fidélité des opérations suppose de sagacité, est réuni dans le grand système des poids et mesures. C'est pour toutes les nations; c'est sous les yeux de leurs savans commissaires que la France réalise ce que tant de siècles essayèrent. Une unité indépendante des personnes, des lieux, des tems..

Montucla avait destiné deux nouveaux volumes à l'histoire du siècle : il y a plus d'un an que les deux premiers sont au jour; et on lira avec intérêt la présentation qui en a été faite le 18 vendémiaire dernier au corps législatif. Indépendamment des améliorations, beaucoup de faits qui n'étaient qu'annoncés dans la première édition sont détaillés dans la seconde: on trouve d'ailleurs beaucoup plus de précision dans toutes les citations. Nous avons bien à regretter qu'il n'y ait encore que la première partie du troisième volume d'imprimée; car avec tel soin que soient préparés les matériaux, c'est principalement à la dernière retouche, c'est à la sage distribution des effets que tient essentiellement le génie d'un auteur, et nous devons espérer difficilement que le soin de les publier soit confié à des mains dignes de terminer un si vaste tableau.

Montucla fut de l'Institut national dès sa création ; il avait eu les secondes voix à la dernière nomination de l'Académie des Sciences pour la place de correspondant qui fut donnée à Dietrick. On sait que dans l'an 2 toutes les administrations avaient été chargées de dresser des listes complettes de ce qui restait de gens ayant cultivé les Sciences, ou propres aux emplois. Tous venaient se faire inscrire, et Montucla semblait craindre d'être apperçu. La voix d'un ouvrier se fit entendre, et ce nom vraiment cher aux Sciences fut placé par toute la section en tête d'une foule insignifiante, trop inepte pour soupçonner même le contraste qui en résultait.

Le gouvernement de l'an 3 le chargea de l'analyse assez délicate des traités déposés aux archives des affaires étrangères, et il fut porté sur le premier état des gratifications nationales assignées aux gens de lettres.

Nommé professeur de Mathématiques d'une école centrale à Paris, le mauvais état de sa santé ne lui permit pas d'accepter ; et notre Département s'honora de le placer dans le Jury central d'instruction.

Ce fut par le même esprit que notre Société voulut posséder en lui l'ancien administrateur des Arts et des Manufactures. La connaissance parfaite de ce qu'étaient sous l'ancien ordre de choses les ressorts industriels et les produits essentiels des manufactures, peut seule mettre les Sociétés d'agriculture en état d'apprécier le plus ou moins d'espoir qui reste de les utiliser. Et nous sur-tout qui voyant au milieu de nous Sèvres et Jouy, touchons de si près les Gobelins et la Savonnerie, pourrions-nous ne pas étudier ce que peuvent devenir ces grands établissemens si long-tems surveillés par notre confrère?

Pourquoi ne l'aurions nous pas aussi considéré comme le témoin, peut-être le plus actif, de la création rurale de Rambouillet; où d'Angiviller, seul intermédiaire entre le Maître et les agens, favorisa si puissamment la naturalisation de ces belles laines que nous avons à présent la douce confiance d'élever au-dessus même de celles d'Espagne. (*a*)

MONTUCLA s'est montré fidèle à nos séances; et les a fécondées de cet esprit d'ordre et de méthode, qui a le même degré d'importance vers telle destination qu'il se porte.

Nous l'avons vu faire à la fin de ses jours un usage aussi peu brillant de la science des nombres que celui pour lequel il en reçut les premiers élémens.

(*a*) C'est le 13 octobre 1786 que Tessier y reçut le premier troupeau. Dès 1766, l'Intendant des finances, Trudaine, avait engagé Daubenton à acclimater des races d'Espagne; mais il semble que cette idée ne soit devenue vraiment nationale que par l'érection de Rambouillet en ferme, surveillée par les hommes les plus chers à l'Agriculture. Les Philosophes ne rapprocheront pas sans intérêt ce qui se faisait pour la Nature, de ce que les mêmes volontés préparaient pour l'Art, en consacrant au Muséum de ses richesses la grande galerie du Louvre.

Un bureau de loterie nationale était depuis deux ans la seule ressource qu'il pût offrir aux besoins de sa famille ; et il n'a pas eu le tems de jouir de la pension qui a été reversée sur lui à la mort de l'illustre Saussure. Une rétention d'urine, fruit de sa longue et pénible vie sédentaire, prit le 13 du mois dernier un caractère menaçant pour ses jours ; il le jugea avec cette tranquillité philosophique résultat d'une belle ame ; et il conserva assez de calme, assez de présence d'esprit pour apprécier même par la nature des remèdes les progrès que le mal faisait : en un mot il compta ses dernières heures jusqu'à la 10e. du soir 27 frimaire an 8.

Il laisse une veuve respectable, une fille mariée en 1783, et un fils employé dans les bureaux de l'intérieur.

Le nom de leur père est leur seule fortune, ils en sont dignes par leurs vertus ; et c'est aux divers membres de la Société qui ont été témoins de ces rapports intéressans à voter avec moi les complimens de condoléance par lesquels la Société peut honorer la famille du digne homme que nous regrettons.

Aug. Sav. LE BLOND.